48
L.b 108.

RÉFLEXIONS

POLITIQUES,

EN JUILLET 1815.

RÉFLEXIONS POLITIQUES,

EN JUILLET 1815;

Par M. Th. DE VIEL-CASTEL,

EX-AUDITEUR AU CONSEIL D'ÉTAT.

A VERSAILLES,

DE L'IMPRIMERIE DE J.-A. LEBEL,

IMPRIMEUR DU ROI.

1815.

RÉFLEXIONS

POLITIQUES

A BRUXELLES,

RÉFLEXIONS POLITIQUES,

EN JUILLET 1815.

Le plus violent des orages nous avoit surpris et dispersés; mais il s'appaise, et l'horison commence à s'éclaircir. Cependant la vue des armées étrangères parcourant notre belle patrie, et l'agitation intérieure qui prolonge leur séjour, viennent encore mêler des craintes à nos justes espérances. Chercher à dissiper ces craintes est le devoir de tout bon Français, et l'on atteindroit sûrement ce but en prouvant que tous les peuples de l'Europe, également intéressés à la paix, ne peuvent en assurer la durée qu'en respectant l'intégrité de la France, et que le maintien de notre repos dépend surtout du ralliement de tous les Français à la cause royale, et de leur constante union. Le développement de ces deux vérités seroit au-dessus de mes forces ; je hasarderai seulement quelques réflexions, qui pourront inspirer à de plus habiles le désir de traiter un sujet digne de leurs méditations.

La paix la plus prompte nécessaire à tous les peuples ; — l'existence de la France dans son intégrité indispensable pour le maintien de l'équilibre politique.

Egalement fatigués par des guerres continuelles, le vœu des peuples doit maintenant être unanime, et leur unique ambition une paix solide et durable. Ce n'est pas seulement pour la France, affoiblie par deux crises consécutives, dont la dernière dure encore, que la paix est devenue un besoin impérieux, c'est pour l'Europe entière, dont les divers Etats furent successivement en proie aux maux qui nous accablent à notre tour.

Mais un des alimens les plus certains de la guerre, un des obstacles les plus grands à la paix se trouvera toujours dans le système militaire actuel. Il n'a pu être établi, il ne sauroit être suivi que par des conquérans insatiables, et dans des circonstances assez extraordinaires pour enfanter la présente coalition ; et le souverain qui, sans autre motif qu'un accroissement de territoire ou sa vanité blessée, n'hésiteroit pas à précipiter un peuple sur un autre peuple, à compromettre l'existence d'un demi-million de ses semblables, ne pourroit être, il faut en convenir, que le fléau de l'humanité.

Dans nos guerres modernes, le peuple vainqueur est presqu'aussi malheureux que le peuple vaincu. Les armées étant hors de proportion avec la population, enlèvent des bras indispensables à l'agriculture, au commerce; le pays s'appauvrit, et loin de compenser les pertes éprouvées, les richesses que procure la victoire, inégalement réparties, follement dépensées, ne servent souvent qu'à augmenter la misère publique, en faisant éclore de nouveaux germes de corruption.

Deux mois se sont écoulés depuis que dans les journaux français l'on vit paroître une circulaire du ministère d'alors; elle avoit pour but d'engager la France entière à prendre les armes, et l'habitant des campagnes à déserter ses foyers pour se retirer dans les bois et faire la guerre en partisan. On présentoit aux paysans, comme compensation des pertes que leur feroient éprouver la cessation de leurs travaux et le ravage de leurs propriétés, les dépouilles dont ils devoient s'enrichir en s'emparant des bagages de l'ennemi. Et de bonne foi, quelle compensation à l'abandon et à la destruction de son champ, auroit trouvé le laboureur dans la capture de quelques sommes d'argent ? Ce laboureur, perdant ses mœurs pour adopter celles du soldat, qui ne conserve jamais ce qu'il acquiert, et ne vit que dans le présent, revenu dans sa chaumière, obligé de recourir encore pour exister à son premier travail, n'auroit pu s'accoutumer de nouveau à la vie laborieuse et uniforme de l'homme des champs.

La guerre fut de tout temps une mauvaise école pour les vertus civiles, et surtout maintenant que des fatigues et des dangers plus grands font tolérer de plus grands excès. Quand les armées sont dans une proportion convenable avec la population d'un Etat, les individus qui les composent suivent toute leur vie la profession des armes, et meurent avec l'uniforme ; alors l'esprit militaire n'envahit point d'autres classes de citoyens, et demeure le partage de ceux auxquels il est nécessaire. Mais quand tout un peuple, obligé momentanément à embrasser la vie du guerrier, est ensuite ramené par la paix dans ses foyers, il n'est plus apte à la vie civile, et conserve toujours quelque chose de la corruption et de la barbarie des camps. L'activité même de l'état militaire semble porter à l'indolence et à la paresse pour tout ce qui lui est étranger ; et surtout après des guerres aussi violentes que les nôtres, le soldat devient moins capable encore de rendre service à sa patrie en suivant une carrière nouvelle.

Ce système militaire qui de chaque homme fait un soldat, me semble donc destructeur de tout ordre social, et doit être abandonné pour que la paix et la tranquillité se rétablissent et se maintiennent. Renouvelé de l'enfance des peuples par notre révolution, il fut porté au-delà de toutes les bornes par l'amour des conquêtes, et généralement adopté par l'obligation d'opposer une résistance égale à l'attaque; maintenant il devient inutile, et continuer à le mettre en usage seroit vouloir perpétuer les révolutions.

Que d'actions de grâces n'auroit-on pas à rendre au congrès européen, si toutes les puissances convenoient unanimement de réduire leur état militaire! elles pourroient conserver dans leurs forces les mêmes proportions, mais sur une plus petite échelle; et dans le cas où surviendroit une guerre indispensable, elles se serviroient, pour terminer leurs querelles, de leurs armées et non pas de leurs peuples. On m'objectera que l'étendue des frontières de quelques

Etats du premier ordre, tels que l'Autriche et la Russie, dont les points de contact avec les peuples voisins sont très-multipliés, oblige nécessairement leurs souverains à tenir sur pied, même en temps de paix, un grand nombre de troupes ; mais ne seroit-il facile de parer à cette obligation sans augmenter l'armée, en rendant commune à tous les peuples l'institution des gardes nationales, et en consacrant en même temps comme principe fondamental des constitutions européennes, que les gardes nationales ne pourroient jamais sortir de leurs patries respectives ?

Il est instant que chaque nation rentre sur son territoire, et que les limites des Etats ne soient plus journellement franchies. Il est instant que les négociations des cabinets soient long-temps les seuls moyens mis en œuvre pour constater, répartir et consolider les droits et les justes prétentions des peuples.

Il n'est pas de puissance en Europe qui

n'ait à remédier à la plaie profonde que ces vingt-cinq années de guerre et de révolution ont faite à ses finances. Il n'en est pas sans doute qui ne sente la nécessité de régénérer les mœurs de ses peuples, de les ramener à des idées morales et religieuses, seule base solide de la prospérité d'un Etat. Une longue paix donnera seule les moyens de parvenir à ce but.

Existe-t-il encore des raisons qui pourroient engager les diverses puissances à se déclarer la guerre? Je n'en vois aucune. Dans l'état actuel des choses, les motifs qui les y porteroient seroient toujours foibles en comparaison de ceux qui doivent les en éloigner. Elles ont toutes intérêt à exister, et ne peuvent désirer à leur situation présente que de simples modifications. La plume du diplomate peut conduire à ce but d'une manière plus sûre que l'épée du guerrier.

Mais si les puissances européennes n'ont aucune raison pour se faire la guerre entr'elles, elles en ont beaucoup pour rester en paix avec la France ; j'entends la France gouvernée par son Roi, et se renfermant dans ses limites.

L'existence de la France dans sa force et son intégrité est plus nécessaire encore que celle de toute autre nation à l'équilibre de l'Europe. On sait que dans tous les temps c'est à la France que l'on a dû le maintien de cet équilibre. L'empire d'occident de Charlemagne contre-balançoit l'empire d'orient encore existant, et dès qu'il se formoit en Europe une puissance trop prépondérante, les Etats qui craignoient l'oppression avoient les yeux sur la France comme sur leur unique défenseur. Les vastes projets de la monarchie espagnole, l'agrandissement toujours croissant de la maison d'Autriche, n'ont trouvé de digues capables de les arrêter que dans l'opposition constante de la monarchie française.

Si nous nous sommes écartés depuis vingt ans de ce système de modération et d'équilibre que nos rois avoient toujours suivi, c'est que notre révolution avoit tout bouleversé ; c'est qu'en dernier lieu, celui qui nous gouvernoit écoutoit bien plus les intérêts de son ambition personnelle, que ceux d'une nation considérée par lui comme la première de ses conquêtes.

La France ne doit par elle-même inspirer d'ombrage à aucun de ses voisins. Gouvernée par un roi sage, elle aura toujours, en temps de paix, avec le reste de l'Europe, des relations utiles et aussi avantageuses pour l'étranger que pour elle ; relations intéressant à la fois et la prospérité des nations et le maintien de la balance politique.

La France dans son état présent ne peut voir détacher de son sein une partie quelconque de son territoire sans être entamée au vif (qu'on me passe l'expression) ; et une province qui lui seroit enlevée ne formeroit qu'un hors-d'œuvre plus incommode qu'avantageux pour le souverain dont elle seroit la conquête. Cette province n'auroit aucun rapport ni dans le langage, ni dans les mœurs, ni dans l'esprit public, avec l'Etat auquel elle seroit annexée, et tendroit incessamment à se réunir à la mère patrie. Un pareil accroissement de territoire ne seroit donc nullement désirable pour des puissances qui toutes auroient le siége de leurs Etats, le centre de leur autorité trop loin de cette nouvelle acquisition. Elle deviendroit bientôt le foyer des mécontens, et formeroit un sujet de discussions, un motif de guerres permanent.

L'acquisition de places fortes isolées sur les frontières de la France ne seroit pas non plus d'une grande utilité pour les souverains de l'Europe. Avec le genre de guerre actuel, des places ne conservent et ne défendent que le terrein qu'elles occupent. Dans le temps où les armées étoient peu nombreuses, elles ne pouvoient pas laisser derrière elles, sans danger, des places fortes, de l'enceinte desquelles seroient sorties des troupes suffisantes pour les empêcher d'avancer. A cette époque, les villes en général, et surtout les villes fortes, étoient moins grandes, moins peuplées ; et les garnisons, presqu'aussi nombreuses que les habitans, auroient pu suffire alors pour donner à leurs hôtes l'esprit de leur nation. Mais maintenant une garnison étrangère seroit toujours en minorité dans une ville qui supporteroit d'autant plus impatiemment le joug auquel elle seroit soumise, qu'elle respireroit du haut de ses remparts l'air libre de la patrie.

Les puissances auroient tout à perdre à violer l'intégrité de la France, qui d'ailleurs, à l'exemple de la nation espagnole, et par une masse plus imposante encore, sauroit toujours repousser une guerre d'invasion. Elles ont au contraire tout à gagner en laissant la France puissante. Notre nation n'a rien à désirer que ses produits agricoles et son commerce ne lui procurent amplement. Elle sera la plus intéressée au maintien de la paix, source de sa prospérité ; et si quelque puissance vouloit troubler le repos des peuples voisins, alors, et seulement alors, on la verroit prendre les armes. L'agresseur seroit obligé de renoncer à ses injustes desseins ; car le secours de la France feroit toujours pencher la balance en faveur du parti qu'elle auroit embrassé.

La France ne peut maintenir la paix au dehors qu'en recouvrant sa tranquillité intérieure, et doit dans ce but se rallier entièrement à la cause royale, qui d'ailleurs concilie seule les intérêts de tous les Français.

Dans cette révolution de vingt-cinq années, dont la terrible influence a bouleversé toute l'Europe, la France a constamment joué le premier rôle. Ses victoires prodigieuses n'ont servi qu'à rendre plus affreux les revers qui les ont suivies; et non-seulement elle doit désirer la paix, afin de rétablir ses relations avec les peuples étrangers, mais surtout dans la vue de remédier aux maux nombreux qui l'affligent intérieurement.

La paix recompose les diverses classes de citoyens dont l'organisation est indispensable pour le maintien de l'ordre et de la prospérité. La paix rend à un Etat sa force morale, qui seule lui fait retrouver, avec le temps, toute sa force physique; quand une fois la force morale est détruite, une nation ne marche plus que par des moyens artificiels; il faut alors, pour mener le soldat en avant, procurer à son imagination une sorte d'ivresse, et pour conserver le magistrat à son poste, égarer son esprit par de faux raisonnemens. Mais tout ce qui est illusion ne dure pas; et bientôt l'intérêt personnel devient le seul mobile des actions des hommes; vainement on s'efforce encore de rattacher par ce foible lien au salut de l'Etat, l'intérêt personnel mène à l'égoïsme; et l'égoïsme et le salut de l'Etat sont toujours en contradiction.

Au contraire, quand une nation a recouvré sa force morale, chacun se trouve à son poste comme par un ordre de la Providence; chacun remplit ses devoirs sociaux comme si la nature les avoit compris dans le nombre de ceux qu'elle lui a imposés. Et alors la force physique renaît d'elle-même; elle renaît et s'accroît, provenant de la modération qui conserve, et non des excès qui tuent ce qu'ils engendrent.

C'est encore à la paix que nous devrons un bienfait inappréciable, celui de mettre un terme à la nécessité de faire de la nation une armée; celui de laisser à chaque individu la liberté d'embrasser la profession à laquelle son génie particulier semble l'appeler de préférence. La coutume antique des Egyptiens qui ne permettoit pas au fils de prendre une autre carrière que celle de son père, étoit sans doute trop rigoureuse. Mais l'ordre naturel des choses, quand le gouvernement n'y met point d'entraves, amène le fils du magistrat à devenir magistrat lui-même; du militaire, à faire usage de l'épée de ses aïeux; de l'artisan, à se servir des outils paternels. Et loin de s'y opposer, un gouvernement sage et éclairé doit être favorable à cette hérédité sociale. Les lumières du fils sont accrues de celles du père; l'expérience devient un trésor de famille qui s'augmente à chaque génération; la réputation, un héritage qui impose des devoirs, desquels on paroîtroit dispensé dans une carrière différente. Se trouvant dans sa vie privée et dans sa vie publique en relation naturelle avec tout ce qui l'entoure, l'homme prend un essor plus libre, sa vie est plus heureuse, et les services qu'il rend à sa patrie sont plus nombreux et plus efficaces. C'est alors que les calculs de l'amour-propre blessé et de la vanité deviennent nuls, parce que chacun demeurant dans sa sphère, n'ambitionne que ce qui est à sa portée. Quand les états ne sont point confondus, que chacun suit la carrière à laquelle il est appelé, il n'existe que de l'émulation entre les hommes, et l'émulation est la source la plus abondante de la prospérité. Mais quand la corruption des mœurs, la vieillesse de l'édifice social, ont amené la confusion des états, chacun, livré à des spéculations étrangères, devient la proie de l'envie, et de l'envie passe à la haine. Les malheureux atteints de ces funestes passions éprouvent le besoin d'anéantir tout ce qui est au-dessus d'eux. De là naissent les révolutions. Le pauvre provoque la ruine de celui qui secouroit sa misère, et se console de ses propres maux en voyant le riche dépouillé demander l'aumône à ses côtés.

Qu'arriveroit-il si, ne songeant toujours qu'à satisfaire des projets de haine ou de vengeance, nous ne cessions de nous livrer à l'esprit de faction qui nous tourmente encore? Craignant le danger de la contagion, les peuples voisins se hâteroient de former un cordon autour de notre malheureuse patrie. Ils laisseroient à nos fureurs le soin de nous consumer, et profitant bientôt de l'état de foiblesse auquel nous auroient amenés ces folles dissentions, ils achèveroient de nous anéantir. Et ne croyons pas que l'approche du danger nous réunît alors contre l'ennemi commun : l'amour de la patrie seroit éteint dans tous les cœurs; nous aiderions mutuellement à nous déchirer, et l'étranger, cédant à une tentation trop forte, même peut-être au mépris de ses véritables intérêts, s'élanceroit sur une proie si facile à saisir.

Confirmer des traités, en conclure de nouveaux, seront des moyens insuffisans pour obtenir une paix durable, si nous ne parvenons pas à mettre un terme à nos troubles intérieurs.

Prêcher la concorde et l'union parmi nous, est, j'en suis bien persuadé, superflu pour le plus grand nombre. Quel est le Français qui peut voir maintenant d'autre point de ralliement que le trône de son Roi? Quel est celui qui ne sent pas que la conservation de la tranquillité, que le maintien de la paix sont étroitement liés au sort du Prince qui nous est rendu?

Le retour de l'homme à qui déjà nous devions tant de désastres, a seul attiré sur nous les maux de la guerre et leurs pénibles suites. Les Souverains alliés, et je crois nécessaire d'insister sur ce fait, afin de prémunir contre de funestes erreurs des esprits faciles à séduire, les Souverains alliés avoient pour but immédiat de la guerre qu'ils viennent d'entreprendre, la destruction de Buonaparte. Mais supposons un moment que Buonaparte détruit, le Roi ne se fût pas trouvé là pour devenir notre intercesseur; la France, égarée par des factieux, eût opposé une résistance sans but, et dont peut-être une entière destruction seroit devenue le triste résultat. Les peuples de l'Europe, sans frein ni modérateur, n'auroient écouté qu'une vengeance sans bornes, qui nous auroit perdus avant de retomber sur eux-mêmes; un point de ralliement auroit manqué, et les partis se seroient multipliés autant que les haines et les ambitions personnelles. Oui, telle seroit maintenant notre destinée, si la Providence ne nous eût pas ménagé Louis XVIII.

Il n'entre dans les oppositions qui peuvent exister encore à l'unanime assentiment de la nation française, que de faux calculs de vanité : je dis faux calculs, parce que, dans le fond, aucune vanité n'est blessée.

Si des hommes pour lesquels l'expérience a été nulle, et qui sont encore sous l'empire d'idées réprouvées par le temps, ont pu, dans leur manière d'être ou d'agir, froisser quelques amours-propres, eux seuls étoient responsables de leur conduite, que l'influence du Souverain n'avoit nullement provoquée. Au contraire, l'examen le plus scrupuleux des discours et des actes du gouvernement royal, devoit convaincre facilement tous les Français de la bonne foi de ce gouvernement, de son désir réel de conserver toutes les libertés, tous les droits civils garantis par la charte, de protéger également toutes les classes de citoyens, de ne régner enfin que sur un peuple libre dans la saine acception de ce dernier mot.

La chimère de la république peut-elle encore caresser des imaginations trop ardentes? Dans un Etat aussi grand que la France, quelle que soit la forme du gouvernement, l'autorité sera toujours dans les mains d'un seul ou d'un petit nombre. Trouverons-nous plus de sûreté dans trois maîtres que dans un seul? Qui peut assurer davantage le bonheur de la France, d'un directeur, d'un consul, d'un dictateur temporaire, ou d'un roi, fils de Henri IV et de

Saint-Louis? Pour moi, je ne vois pas, sous un tel Monarque, de quelle classe d'individus les intérêts se trouvent compromis : le commerçant doit regarder comme son bienfaiteur le Prince qui lui ramène et lui garantit la paix. A peine Buonaparte avoit-il marché sur le sol français, que les relations avec les peuples qui nous entourent avoient cessé ; et le pavillon blanc les a seul fait renaître. L'ancienne bourgeoisie peut-elle craindre le retour des privilèges de l'ancienne noblesse ? Mais il est des choses qui ne reviennent jamais, parce que les élémens qui les avoient fait naître n'existent plus eux-mêmes : tels sont ces droits seigneuriaux, ces privilèges exclusifs dont le rétablissement seroit maintenant sans cause et sans but. Les nombreux acquéreurs de biens nationaux sont les premiers intéressés à désirer la réunion de tous les partis et la fin des révolutions ; elles dissipent à jamais pour eux la crainte de réactions qui leur eussent été contraires. D'ailleurs un contrat, pour être solide, a besoin d'être garanti par la partie adverse : la charte royale doit donc leur inspirer plus de sécurité que tous les décrets impériaux ne pouvoient leur en promettre.

Sous un gouvernement libéral, tous les prétextes sont ôtés à l'envie, et l'émulation la remplace ; le guerrier et le magistrat n'ont d'autres titres que leurs talens pour occuper les premiers rangs, et les services rendus procurent seuls des distinctions.

Rien, il est vrai, de ce qui regarde les choses humaines ne peut être pris dans un sens absolu. Quelque bonne que soit la forme d'un gouvernement, elle sera toujours imparfaite ; mais si nous désirons conserver la paix intérieure, gardons-nous de chercher à détruire une institution à cause des abus qui en dérivent. Quand une fois les lois fondamentales d'un Etat sont posées et consacrées, vouloir en substituer de nouvelles, n'auroit pour résultat que de remplacer des inconvéniens par d'autres inconvéniens, des abus par d'autres abus. L'homme d'Etat sait se contenter de modifier et d'améliorer ce qui existe déjà : il n'appartient qu'à la suite des siècles de marquer le moment où un édifice social, miné lentement par le temps, doit crouler en entier, et d'appeler alors le législateur à en reconstruire un autre sur des bases adaptées à de nouvelles circonstances.

Rappelons-nous une époque à laquelle nous touchons encore; rappelons-nous l'état de la France au commencement du mois de mars, au moment qui précéda l'apparition du funeste météore chargé sans doute de l'exécution des décrets de la colère céleste. L'agriculture et le commerce prospéroient également; et le plus grand des maux, l'inquiétude de l'avenir, s'effaçoit de jour en jour. Bien des souhaits restoient encore à réaliser; mais un an s'étoit à peine écoulé depuis le retour du gouvernement royal; mais ce gouvernement succédoit à une révolution de vingt années, à l'anarchie et au despotisme; et un esprit aussi sage, aussi mesuré que celui de notre Monarque, pouvoit seul nous avoir conduits à un bien-être réel dans l'espace de quelques mois.

Les évènemens qui viennent de se succéder d'une manière non moins rapide qu'effrayante, remettent dans les mains du Roi un sceptre mille fois plus pesant qu'il ne l'étoit en 1814. Les esprits n'ont fait que s'aigrir davantage, les passions s'allumer encore, les embarras de l'administration se multiplier, les liens de la morale se relâcher, le frein des lois perdre de la force qui lui restoit; et les moyens de remédier à tous ces maux sont devenus plus rares et moins faciles à employer.

Cependant la nation peut seconder d'une manière bien efficace les intentions paternelles du Roi; c'est en se serrant autour de son trône, en se pénétrant de la vérité qu'elle n'a pas d'autre moyen de salut que de faire cause commune avec lui. Le militaire s'est cru le plus intéressé à repousser le retour d'un gouvernement pacifique; il attache sa gloire au souvenir de conquêtes qui ne sont plus, tandis que ses véritables titres à l'admiration des siècles, il les doit à ce courage que des revers, fruits d'une ambition qui lui fut étrangère, ont fait briller d'un nouvel éclat. Il s'indigne de la paix et devroit la bénir ; car elle seule peut nous rendre un jour des guerriers, des guerriers instruits et disciplinés, dont le poids des armes n'accablera pas l'enfance, et qui sauront conserver le dépôt sacré de notre gloire.

Sans doute la gloire est séduisante, il est difficile de résister aux charmes de ce brillant fantôme ; mais les tristes résultats dont nous sommes les témoins et les victimes, sont bien faits pour désenchanter le cœur qui fut le plus son esclave. Brillantes actions, nobles faits d'armes, palmes et lauriers, vous cachez mal sous votre éclat le ravage, la désolation et la mort! On ne peut vous ambitionner sans être obligé de fermer son cœur aux cris des orphelins, aux gémissemens des mères, aux derniers soupirs du malheureux expirant à la vue de sa cabane en cendres! Loin de ses foyers, sur une terre étrangère, le guerrier peut d'abord être séduit par l'honneur que ses exploits font rejaillir sur sa patrie; si l'on gémit autour de lui, c'est dans une langue qu'il n'entend pas; s'il opprime, l'opprimé n'est à ses yeux que l'ennemi de ses concitoyens. Mais qu'il réfléchisse un moment que chaque étincelle de flamme lancée par lui pour consumer le chaume de l'étranger, après l'avoir détruit, couvera l'incendie qui doit dévorer celui de ses pères. Le désordre et le deuil qu'il vient d'apporter au sein de cette famille ennemie, sera la cause du désastre qui va bientôt affliger la sienne. Ce vieux père, cette épouse éplorée, ces enfans innocens lui sont indifférens; mais son vieux père, sa femme et ses enfans, il vient lui-même de signer leur arrêt! Ah! qu'il abjure ses funestes lauriers : peut-il en vouloir à ce prix?

A Dieu ne plaise que je cherche à m'ériger en détracteur du noble métier des armes. Celui qui prétendroit arracher des cœurs français l'instinct guerrier et l'ardeur militaire, ne seroit qu'un insensé; le Gaulois les conservoit même au-delà du tombeau, où son épée fidèle reposoit à ses côtés. Nos exploits modernes ne sont pas les premiers qui aient révélé notre valeur à tous les peuples, et sous la bannière des lys combien de hauts faits ont signalé nos pères? La fortune nous trahit quelquefois, mais jamais notre courage. Nous pouvons unir hardiment aux noms de Bouvines et de Fontenoy, ceux de Poitiers et d'Azincourt, et nos annales furent constamment les fastes des braves. Honneur, honneur aux fils des preux! honneur au vrai guerrier! il ne prend les armes que pour défendre sa patrie; il est le protecteur de la veuve et de l'orphelin, Bayard est son modèle; et ces mots, SANS PEUR ET SANS REPROCHE, sont toujours réunis sur sa devise et dans son cœur.

Mais, riches de nos souvenirs honorables, ne craignons pas que de long-temps ils ne s'effacent de la mémoire des hommes, et ne mettons point d'obstacle au retour d'une paix qui nous est si nécessaire. Rappelons-nous toutes les plaies que nous avons à fermer, tous les maux qu'il nous reste à guérir. Il ne suffit pas pour y parvenir d'un gouvernement sage, d'une administration éclairée; le concours et l'assistance de tous les Français est nécessaire, est indispensable. Nous avons tous été malheureux! Prodiguons-nous des secours mutuels, et bientôt nous verrons la reconnoissance, étouffant à jamais les anciennes querelles, remplacer dans les ames la haine par l'amour, la division par l'union, l'adversité par le bonheur.

www.ingramcontent.com/pod-product-compliance
Lightning Source LLC
Chambersburg PA
CBHW060607050426
42451CB00011B/2128